LA GRAN MUSICA
CLASSICAL COLLECTION

EINIGE NÜTZLICHE HINWEISE

Dieses Buch ist in drei Teile gegliedert:

Eine kleine Übersicht mit Hintergrundinformation über den Komponisten und seine Epoche, das Werk sowie den Dirigenten und das Orchester der vorliegenden Aufnahme.

– ♦ –

Eine MUSIKALISCHE CHRONOLOGIE, die Ihnen einen schnellen Überblick über den musikalischen Verlauf ermöglicht.

– ♦ –

Ein MUSIKALISCHER FÜHRER, der Sie durch die einzelnen Phasen des Stückes leitet und Ihnen detaillierte Information über dessen Ablauf bietet.

– ♦ –

Es empfiehlt sich, den MUSIKALISCHEN FÜHRER zu lesen und gleichzeitig die Musik zu hören. Sie können ihn jedoch auch ganz oder teilweise im voraus lesen und sich so auf das Stück einstimmen. Die Zahlen zu Beginn eines jeden Absatzes entsprechen der Zeitanzeige Ihres CD-Players.

– ♦ –

Nach eingehendem Lesen des musikalischen Führers wird Ihnen für ein weiteres Anhören die MUSIKALISCHE CHRONOLOGIE als begleitende Lektüre genügen. Der MUSIKALISCHE FÜHRER wird Ihnen mit seinen ausführlichen Beschreibungen jedoch auch weiterhin eine große Hilfe sein, wenn Sie Ihre Kenntnisse über einzelne Aspekte der Komposition vertiefen oder wieder auffrischen wollen. So dringen Sie mit Hilfe dieses Buches im Laufe der Zeit tiefer in die Geheimnisse der Musik ein und lernen, sie noch intensiver zu genießen.

– ♦ –

Mit 0:00 ist der Moment bezeichnet, in dem die erste Note erklingt. Manche CD-Player beginnen einige Sekunden vor Einsatz der Musik zu zählen. Sollte dies bei Ihrem Gerät der Fall sein, so müssen Sie diese kleine zeitliche Verschiebung beim Hören wie auch beim Lesen mit berücksichtigen.

LA GRAN MUSICA
CLASSICAL COLLECTION

ANTONIO VIVALDI

(1678-1741)

Deutsche Grammophon

Ausführung: Marketing Editorial
Idee und Koordination: Alberto Méndez
Musikalische Chronologie: Faustino Núñez
Design und Lay-out: Adrián y Ureña, S.L.
Photographie: AISA
Graphik: Felipe de la Rosa

Eine Ausgabe von EDILIBRO, S.L., TUDELA (NAVARRA), für:

Übersetzung ins Deutsche: Hans Rid

Wir danken der DEUTSCHEN GRAMMOPHON für ihre hilfreiche Mitarbeit bei der Erstellung dieser Serie.

Photosatz: G. R. DIGITAL, S. L.
Druck: LUCK
Lizenzausgabe für die B&S Verlags GmbH, Stuttgart
Buchgemeinschaft Donauland Kremayr & Scheriau, Wien
Titel-Nr. 39557 4

ISBN: 84-409-0317-0
D.L.: N-1303-1996

DER KOMPONIST

Antonio Vivaldi, dessen Vater Bäcker war, bevor er seine Laufbahn als Violinist und Opernagent begann, sah sich wiederholt dem Vorwurf ausgesetzt, er fabriziere Musikstücke mit der gleichen Geschwindigkeit wie ein Bäcker seine Brötchen bäckt. Dennoch bot – und bietet – Vivaldi weit mehr als nur Quantität. So waren zum Beispiel die zwölf in der Sammlung *L'estro armonico* zusammengefaßten Konzerte nach Worten seines Biographen Michael Talbot "die einflußreichste musikalische Veröffentlichung des 18. Jahrhunderts". Der sieben Jahre jüngere Bach transkribierte einige dieser Konzerte und verlangte eindringlich nach weiteren Werken. Und der Komponist und Musiktheoretiker J. J. Quantz bediente sich der Konzertform Vivaldis als Grundlage dafür, wie dieses Genre zu behandeln sei. Vivaldi, geboren am 4. März 1678, war ein kränkliches Kind; er litt an Asthma und möglicherweise auch an Herzbeschwerden. Seine Vorbereitungen auf das Priesteramt verband er mit dem Studium der Musik. Im Jahre 1703 wurde er zum Priester geweiht und im selben Jahr zum *Maestro di Violino* am Ospedale della Pietà, einem von der Kirche betriebenen Waisenhaus mit Schule für Mädchen, ernannt. 1716 erhielt er dort auch den Posten des *Maestro de'concerti*. Zu jenem Zeitpunkt hatte er bereits als Geigenvirtuose und

Komponist internationalen Ruf erlangt, und so begann „der rote Priester" (so genannt wegen dem leuchtenden Rot seiner Haare) 1718 eine Serie von Konzertreisen, die ihn, begleitet von einer beinahe höfisch anmutenden Gefolgschaft, durch einen großen Teil Italiens und sogar in das weit entfernte Wien, möglicherweise auch nach Prag, führten. Zusätzlich zu seinen Hunderten von Konzerten und Sonaten schrieb er eine große Anzahl liturgischer Stücke sowie Dutzende von Opern und trat schließlich sogar selbst als Opernagent in Erscheinung. Eine seiner Schülerinnen, Anna Girò, wurde Mitte der zwanziger Jahre des 18. Jahrhunderts noch als Heranwachsende als Opernsängerin bekannt. Von da an begleiteten sie und ihre Schwester Vivaldi bis zu dessen Tod auf seinen Reisen, was dazu führte, daß man ihm ein Liebesverhältnis zu beiden nachsagte, wenngleich Vivaldi derartige Gerüchte immer abstritt. In seiner Lebensmitte verfügte Vivaldi über ansehnlichen Wohlstand. Ein Leben im Überfluß und der fortschreitende Niedergang seiner Popularität ließen ihn jedoch zusehends verarmen. Als er am 28. Juli 1741 während eines Aufenthaltes in Wien starb, wurde er in einem Armengrab beigesetzt. Seine Musik geriet nur wenige Jahrzehnte nach seinem Tod völlig in Vergessenheit. Anfang des 20. Jahrhunderts jedoch wurde er „wiederentdeckt", und seit 1920 sind sein Ruf und seine Beliebtheit bis in unsere Tage unaufhaltsam gewachsen.

DIE WERKE

Um das Jahr 1725 veröffentlichte Vivaldi *Le quattro stagioni* (*Die vier Jahreszeiten*) – die ersten vier Konzerte eines Zyklus von insgesamt zwölf Werken, die unter dem Titel *Il cimento dell'armonia e dell'inventione* zusammengefaßt sind. In seiner Widmung an den Grafen von Böhmen, Wenzeslaus von Morzin, vermerkte er jedoch, daß diese Stücke bereits einige Jahre vorher komponiert und auch interpretiert worden waren. Diese Konzerte in drei Sätzen sind für Streichorchester mit Solovioline geschrieben, und einem jeden steht ein „einleitendes Sonett" voran. Sie enthalten lautmalerische

Porträt von Vivaldi. Bibliographisches Museum der Musik in Bologna.

Anspielungen wie „Gesang der Vögel" und „der Hund bellt" (*Frühling*); „der Kuckuck", „vers-chiedene Winde" und „Klage des jungen Bauern" (*Sommer*); „der Betrunkene" und „das fliehende Wild" (*Herbst*) sowie „Zähneklappern" oder „der Schirocco" (*Winter*). Zu Vivaldis Zeit war die musika-lische Imitation der Geräusche der Natur etwas durchaus Übliches. *Die vier Jahreszeiten* jedoch stehen heute über allen anderen Werken als das berühmteste und eindrucksvollste Beispiel dieser Kompositionsart und gelten darüber hinaus als eine der gelungensten und beliebtesten Kompositionen barocker Instrumentalmusik. Die beiden anderen Konzerte verkörpern eine persönliche Stimmungslage oder Idee: *L'amoroso* für Solovioline und das stark von folkloristischen Einschlägen geprägte *Alla rustica*, das völlig auf Soloinstrumente verzichtet. Die schwermütige Sinfonia *Al Santo Sepolcro* wurde vermutlich für die Pietà komponiert.

Wien im 18. Jahrhundert, eine Stadt, in der Vivaldi auf seinen Konzertreisen häufig zu Besuch war.

GESCHICHTLICHER HINTERGRUND

Wenngleich das kulturelle Leben Venedigs zu Vivaldis Lebzeiten äußerst intensiv war, so durchlebte die ehemals glorreiche Venezianische Republik in politischer Hinsicht den Abstieg in die Bedeutungslosigkeit. Ihre Unabhängigkeit konnte sie nur durch eine strikte Neutralitätspolitik gegenüber Österreich, der Türkei und den übrigen Zentren des damaligen Machtgefüges Europas aufrechterhalten. Dieser Umstand wirkte sich unmittelbar auf das kulturelle Wirken aus, und wie so viele andere Künstler und Kunsthandwerker seiner Zeit mußte sich auch Vivaldi – zugunsten seines musikalischen Schaffens – dem Diktat der Herrscher sowie der zahlreichen weniger bedeutenden Königreiche, Grafschaften, Herzogtümer und von der Kirche regierten Territorien beugen.

KULTURELLES LEBEN

Das zweite Jahrzehnt des 18. Jahrhunderts war eine außergewöhnlich fruchtbare Epoche für die musikalische Entwicklung Europas. Neben Vivaldi schufen Größen wie Bach, Händel, Alessandro und Domenico Scarlatti, François Couperin, Rameau, Dandrieu, Clérambault und Marcello die Glanzlichter der barocken Musik. 1728 wurde die *Bettleroper* von John Gay uraufgeführt, und auch die *Persischen Briefe* von Montesquieu, *Henriade* von Voltaire, *Moll Flanders* von Defoe sowie *Gullivers Reisen* von Swift entstanden in diesem Jahrzehnt. Watteau, Boucher, Piazetta, Canaletto, Tiepolo und Hogarth sind weitere große Namen einer künstlerisch äußerst bewegten Ära.

Venezianischer Botschafter im 18. Jahrhundert

1724: Der Gin erobert England.
1727: Erste Kaffee-Plantagen in Brasilien.

DIRIGENT UND ORCHESTER

HERBERT VON KARAJAN, geboren 1908 in Salzburg und gestorben 1989 in Anif, nahe der österreichischen Festspielstadt, zählt zweifellos zu den erfolgreichsten und renommiertesten Dirigenten der zweiten Hälfte dieses Jahrhunderts. Durch seine unzähligen Auftritte und Aufnahmen mit den weltweit berühmtesten Orchestern und Opernensembles nahm er wie kaum ein anderer Einfluß auf das musikalische Leben seiner Epoche und prägte die musikalischen Vorlieben der Musikliebhaber zweier Generationen. Sein Lebenswerk ist eng verbunden mit den Berliner Philharmonikern, deren Chefdirigent er von 1955 bis zu seinem Tode war und mit denen er Anfang der siebziger Jahre die vorliegende Aufnahme einspielte.

MUSIKALISCH

„Die vier Jahreszeiten"

DER FRÜHLING 11'16"

ALLEGRO	FRÜHLINGSERWACHEN	00:00
ALLEGRO	GESANG DER VÖGEL	00:32
ALLEGRO	DIE QUELLEN SPRUDELN	01:12
ALLEGRO	STURM	01:43
ALLEGRO	GESANG DER VÖGEL	02:20
LARGO	DER SCHLAFENDE ZIEGENHIRT RASCHELN DES LAUBES ... DER HUND BELLT	00:00
LARGO	THEMA WIRD WIEDERHOLT	01:27
ALLEGRO	LÄNDLICHER TANZ	00:00
ALLEGRO	THEMA WIRD WIEDERHOLT	02:43

DER SOMMER 10'50"

ALLEGRO NON MOLTO	MATTIGKEIT ...	00:00
ALLEGRO NON MOLTO	DER KUCKUCK	01:15
ALLEGRO NON MOLTO	DIE TURTELTAUBE	02:10
ALLEGRO NON MOLTO	DER STIEGLITZ	02:38
ALLEGRO NON MOLTO	SANFTE ZEPHIRE	02:50
ALLEGRO NON MOLTO	VERSCHIEDENE WINDE	03:05
ALLEGRO NON MOLTO	KLAGE ...	03:46
ADAGIO	FLIEGEN UND BRUMMER	00:00
ADAGIO	FLIEGEN	00:45
ADAGIO	BRUMMER	01:34
PRESTO	STÜRMISCHES SOMMERWETTER	00:00
PRESTO	SOLO	00:48

DER HERBST 11'34"

ALLEGRO	TANZ UND GESANG DER LANDLEUTE	00:00
ALLEGRO	DER BETRUNKENE	02:31
ALLEGRO	DER SCHLAFENDE ZECHER	03:33
ADAGIO MOLTO	DIE SCHLAFENDEN ZECHER	00:00
ADAGIO MOLTO	FORTSCHREITUNG	01:19
ALLEGRO	DIE JAGD	00:00
ALLEGRO	DAS FLIEHENDE WILD	01:33
ALLEGRO	FLINTEN UND HUNDE	01:43
ALLEGRO	DAS FLIEHENDE TIER VERENDET	02:31

DER WINTER 9'00"

ALLEGRO NON MOLTO	ZITTERN IM EISIGEN SCHNEE ...	00:00
ALLEGRO NON MOLTO	HEFTIGER STURM	00:34
ALLEGRO NON MOLTO	LAUFEN UND TRAMPELN ...	01:07
ALLEGRO NON MOLTO	WINDE	01:19
ALLEGRO NON MOLTO	ZÄHNEKLAPPERN	02:26
LARGO	REGEN	00:00
LARGO	SOLO	00:58
LARGO	KADENZ	01:47
ALLEGRO	GEHEN AUF DEM EISE	00:00
ALLEGRO	VORSICHTIGES GEHEN	00:33
ALLEGRO	HINFALLEN	00:43
ALLEGRO	FORSCHES VORANSCHREITEN	00:55
ALLEGRO	DER SCHIROKKO	01:53
ALLEGRO	DER NORDWIND ...	02:32

HRONOLOGIE

BESETZUNG:

1 Violine I

2 Violine II

3 Viola

4 Violoncello

5 Kontrabaß

„L'amoroso"

1 2 3 4 5

CONCERTO IN E-DUR									11'16''
ALLEGRO			CANTABILE		ALLEGRO				
EXPOSITION	EINSATZ DES SOLISTEN	THEMA WIRD WIEDERHOLT	EXPOSITION	ZWEITER TEIL	ERSTES THEMA	ZWEITES THEMA	SOLO	REPRISE	
00:00	00:44	03:28	00:00	01:15	00:00	00:12	00:30	03:37	

„Al Santo Sepolcro"

1 2 3 4 5

SINFONIE IN H-MOLL					8'00''
ADAGIO MOLTO			ALLEGRO MA POCO		
EXPOSITION	CHORAL	KADENZ	EXPOSITION	FORTSCHREITUNG	REPRISE
00:00	01:21	02:45	00:00	00:57	03:09

„Alla rustica"

1 2 3 5

CONCERTO IN G-DUR						5'05''
PRESTO		ADAGIO		ALLEGRO		
EXPOSITION	ENTWICKLUNG	EXPOSITION	KADENZ	EXPOSITION	ENTWICKLUNG	REPRISE
00:00	00:33	00:00	01:18	00:00	00:47	01:40

Die Vier Jahreszeiten

BESETZUNG:

Soloinstrument: Violine
Orchester: Violine l, Violine ll, Viola, Violoncello und Kontrabaß

Über alle musikalischen Epochen hinweg waren die großen Komponisten bemüht, die Natur in der Musik darzustellen. Unter den vielfältigen für diesen Zweck eingesetzten Mitteln ragt vor allen anderen die Imitation der Geräusche der Natur, aber auch des gesellschaftlichen Lebens, durch die einzelnen Musikinstrumente heraus: der Gesang der Vögel, das Brausen des Windes sowie andere natürliche Phänomene – man denke dabei nur an das Regentropfen-Prélude von Chopin – oder das volkstümliche Liedgut bei einem Dorffest. Vivaldi widmete jedes einzelne seiner vier Konzerte für Solovioline und Streichorquester einer Jahreszeit und schuf damit eines seiner repräsentativsten und beliebtesten Werke. Mit den ihm zur Verfügung stehenden Mitteln zeichnete er ein einzigartiges Stimmungsbild der Natur und ihres durch die jahreszeitlichen Charakteristiken bedingten Wandels. *Die vier Jahreszeiten* sind daher ein Musikgenuß ganz besonderer Art für ein breit gefächertes Publikum.

DER FRÜHLING OP. 8 NR. 1 CONCERTO IN E-DUR, RV 269 (11'16)

1. ALLEGRO (3'27)

FRÜHLINGSERWACHEN

00:00 Das erste Konzert beginnt mit einer munteren Melodie in E-dur (eine heitere Tonart*), in der die Geigen unmißverständlich die Freude des Menschen über den Frühlingsanfang zum Ausdruck bringen. Der progressive Anstieg der Intensität dieses ersten Abschnitts beschreibt das Erwachen einer von Leben strotzenden Natur und eine in Licht und Farben getauchte Atmosphäre.

00:08 Die gleiche Phrase wird wiederholt, dieses Mal jedoch weniger laut (*piano*, leise), ein in der barocken Musik äußerst beliebtes stilistisches Mittel.

00:16 Ein zweites melodisches Element erscheint mit derselben Lautstärke wie zu Beginn des Satzes (*forte*, laut). Vivaldi benutzt diese Passage als Überleitung zwischen den einzelnen Soloparts der Geige. Eine Art Refrain*, mit dessen Hilfe die Freude der Landbevölkerung über den Frühlingsanfang hervorgehoben werden soll.

00:24 Die gleiche Passage wird wiederholt, dieses Mal *piano*.

GESANG DER VÖGEL

00:32 Die Sologeige setzt ein; ihr folgen die Solisten der zweiten und der ersten Geigen. Jedes dieser Instrumente imitiert den Gesang dreier verschiedener Vogelarten. Die außergewöhnliche Ausdrucksstärke dieses Parts gilt in der Musikgeschichte als ein bis dahin unerreichter Höhepunkt kompositorischen Schaffens.

01:04 Das Orchester wiederholt das Hauptthema* in Form eines Refrains.

* TONART: Bestimmung des Tongeschlechts als Dur und Moll auf einer bestimmten Tonstufe. Wie in der Malerei gibt es auch in der Musik Färbungen, wobei die einzelnen Tonarten eine unterschiedliche Intensität suggerieren, zum Beispiel: E-dur klar und hell, c-moll düster etc.

* REFRAIN: ein Formteil, der wie ein Ritornell wiederholt wird.

* THEMA: ein prägnanter musikalischer Charakter, der als tragender Formteil eines Stückes weiterentwickelt oder variiert werden kann.

DIE QUELLEN SPRUDELN

01:12 Die Violinen interpretieren auf kleinen Intervallen* basierende Phrasen und ahmen so das leise Plätschern des Wassers nach.

01:27 Nach einer Modulation* wird der Refrain wieder aufgenommen, dieses Mal erklingt er jedoch in einer anderen Tonart.

STURM

01:43 Das gesamte Orchester spielt eine Serie schneller Tonfolgen, und die Geigen spielen zwei aufsteigende Tonleitern*. Danach leitet das Orchester mit einer Modulation zum Einsatz der Sologeige über. Vivaldi beschreibt hier mit meisterhaftem Können den aufziehenden Sturm und hüllt den Hörer in eine spannungsgeladene und kraftvolle Frühlingsstimmung.

01:50 Der Solist spielt schnelle Arpeggios*, das Orchester wiederholt im Wechsel dazu das Grundmotiv in schnellen Notenwerten.

02:12 Erneut erscheint, vom Orchester gespielt, der Refrain, der als Überleitung für den kommenden Soloeinsatz dient.

GESANG DER VÖGEL

02:20 Der Solist imitiert wieder den Gesang der Vögel, unterstützt von den Solisten der ersten und zweiten Geigen. Dieses Mal jedoch variieren die Einsätze, und so entsteht ein kraftvolles musikalisches Stimmungsbild mit einem reichhaltigen Spektrum an klanglichen Varianten – die musikalische Darstellung des Frühlings erreicht ihren Höhepunkt.

02:37 Das Orchester spielt in Form eines Refrains eine der Anfangsmelodie des Konzertes entnommene Phrase.

02:49 Mit einer letzten Sequenz verabschiedet sich der Solist und leitet über zum Ende des Satzes.

* INTERVALL: der Abstand zwischen zwei Noten

* MODULATION: Übergang von einer Tonart in eine andere

* TONLEITER: stufenweise, in jeweils bestimmten Intervallabständen angeordnete Abfolge von Tönen innerhalb eines Tonsystems

* ARPEGGIO: von italienisch „arpa", die Harfe; die Art, die Töne eines Akkordes nicht gleichzeitig, sondern „in der Art einer Harfe", nacheinander zu spielen

Antonio Visentini: „Il concerto in villa", Ausschnitt

03:02 Das Orchester wiederholt zweimal den Refrain, das erste Mal *forte* und zum Abschluß *piano*. Der Freudentaumel über den einziehenden Frühlings, die Zeit der Blüte und des Lichts, ist beendet; und Vivaldi hat sein ganzes Können als Meister musikalischen Naturschilderung unter Beweis gestellt.

2. *LARGO E PIANISSIMO SEMPRE (3'21)*

00:00 Im folgenden beschreibt Vivaldi drei grundlegende Elemente ruhiger Frühjahrsstimmungen. Sie überlagern sich nach den Gesetzen des Kontrapunkts* in höchst gekonnter Weise. Die Geigen schaffen durch schnelle, auf kleinen Intervallen basierende Figuren eine Art „harmonisches Polster" und verkörpern dadurch das leise Rascheln des Laubes und der Pflanzen. Die Violen ihrerseits markieren den Rhythmus, indem sie das Gebell der Hunde imitieren. Und die Sologeige kreiert mit dem Einsatz einer wehmütigen Melodie ein Bild voll Stille und Entspanntheit, das den schlafenden Hirten darstellt.

00:34 Der zweite Abschnitt der auf einer Akkordfolge* aufgebauten Solomelodie endet mit einer Kadenz*, die zur Wiederholung der Melodie führt.

* KONTRAPUNKT: die melodisch sinnvolle Führung selbständiger Stimmen unter Beachtung der Gesetze des harmonischen Zusammenklangs

* AKKORD: Zusammenklang dreier oder mehrerer Töne

* KADENZ: Teil einer Phrase, die gewöhnlich deren Ende ankündigt

01:27 Das Thema wird mit leichten melodischen Variationen wiederholt.

01:54 Der zweite Abschnitt erklingt ebenso mit Variationen.

02:44 Der letzte Abschnitt wird als Kadenz gespielt.

03:04 Unter Begleitung der Violinen und Violen, die erneut das Rascheln des Laubes und das Bellen der Hunde darstellen, endet der zweite Satz, der den Hörer die ländliche Ruhe eines Frühlingsnachmittages empfinden läßt.

3. ALLEGRO (4'28)

LÄNDLICHER TANZ

00:00 Der dritte Satz beginnt mit den Violinen, die eine Art ländlichen Tanz interpretieren. Begleitet werden sie von den Violen, Violoncelli und Kontrabässen auf einem Orgelpunkt*. Dadurch wird der Klang der in der Volksmusik der damaligen Zeit benutzten Instrumente wie Sackpfeife oder Drehgeige imitiert.

00:09 Die gleiche Phrase wird wiederholt, dieses Mal *piano*.

00:17 In der gleichen Lautstärke wie zu Beginn kündigen die Geigen einen zweiten Teil der Melodie an.

00:23 Ein drittes melodisches Motiv* wird von den Geigen eingeführt.

00:34 Die Sologeige setzt ein – begleitet ausschließlich vom Generalbaß* – und spielt eine muntere ländliche Melodie.

01:00 Das Hauptthema des Tanzes in E-dur wird vom Orchester aufgenommen, allerdings in Moll. Der Kontrast zwischen beiden Phrasen zeigt eindringlich, welch unterschiedliche Empfindungen eine Melodie beim Hörer hervorrufen kann, je nachdem, ob sie in Moll oder Dur gespielt wird.

01:08 Eine *piano* gespielte Akkordfolge leitet zu einem neuen Thema über.

* ORGELPUNKT: über mehrere Takte hinweg ausgehaltener Baßton

* MOTIV: kleinste sinnvolle Gestalteinheit musikalischer Kompositionen (Rhythmus, Melodie, harmonische Struktur). Mehrere Motive können sich zu einem Thema zusammenschließen

* GENERALBASS: in der Musik des 17. und 18. Jahrhunderts eine (meist vom Violoncello gespielte) durchgehende Baßlinie (ital. „basso continuo", die von einem Akkordinstrument (meist Cembalo) mit Akkorden ergänzt wird. Der Generalbaß bildet das harmonische Fundament der Musik

01:19 Auf der bereits gehörten melodischen Grundlage aufbauend besteht dieses neue Thema in abwechselnd von Geigen, Violen, Celli und Kontrabässen gespielten Triolen*.

01:37 Erneut setzt die Sologeige ein und spielt eine Serie von Tonleitern und Arpeggios, die mittels einer Modulation zu einem vom Orchester gespielten Choral hinführen. Der ländliche Charakter des Stücks ist für einen Augenblick unterbrochen.

02:17 Mit gleichbleibenden rhythmischen Figuren vollzieht die Violine eine harmonische Fortschreitung, die zur Reprise* des Hauptthemas führt.

02:43 Das Orchester interpretiert das Hauptthema mit einer Modulation nach Moll und stellt mit großer harmonischer Fülle und Vielfalt die Freudenstimmung der ländlichen Bevölkerung dar.

03:21 In Form einer Kadenz* spielt die Geige ein Solo, begleitet nur von Cello und Kontrabaß, die, wie bereits zu Beginn des Satzes, den Klang volkstümlicher Instrumente imitieren.

03:51 Das Hauptthema erklingt erneut und läßt den Satz in der ländlichen Atmosphäre ausklingen, die sein Stimmungsbild von Anbeginn an geprägt hat. Eine Kadenz beendet das Konzert und somit die erste Jahreszeit.

* TRIOLE: drei Noten von gleicher Länge, die anstelle von zwei Noten gespielt werden

* HARMONIE: Zusammenklingen von drei oder mehreren Tönen (Akkord). Die Harmonie ist das Ergebnis der Abfolge von Akkorden und ihrer Beziehung zueinander

* REPRISE: Wiederaufnahme eines Themas oder eines Formteils

* KADENZ: auch derjenige Abschnitt in einem Solokonzert, in dem das Orchester pausiert, und der Solist seine Virtuosität und Improvisationskunst demonstrieren kann

DER SOMMER OP. 8 NR. 2 CONCERTO IN G-MOLL, RV 315 (10'50)

4. ALLEGRO NON MOLTO (5'48)

MATTIGKEIT INFOLGE DER HITZE

00:00 Mit einem auf kurzen Motiven basierenden Thema drückt das Orchester die Auswirkungen der sommerlichen Hitze aus. Durch wohlbemessene Pausen entsteht der Eindruck der für den Hochsommer typischen langsamen und tiefen Atmung.

00:28 Es folgen aufsteigende Tonleitern der Violinen, die von den Violen und Kontrabässen aufgenommen und einen Ton höher wiederholt werden. Dadurch entsteht eine ruhige und entspannte Stimmung.

00:50 Erneut erklingt das Motiv der drei aufsteigenden, durch Pausen voneinander abgetrennten, Noten.

DER KUCKUCK

01:15 Die Sologeige setzt ein und interpretiert, unterstützt vom Generalbaß, eine lange, aus kurzen Noten bestehende Phrase, die den Ruf des Kuckucks imitiert.

01:47 Das Orchester in tutti* nimmt das Motiv der Sologeige auf und baut es weiter aus, wodurch der stimmungsvolle Gehalt der Musik gesteigert wird.

01:53 In Form eines Refrains erklingt erneut das Anfangsmotiv, und im Anschluß daran imitiert die Sologeige einen weiteren Vogelgesang.

DIE TURTELTAUBE

02:10 Während der Kontrabaß einen Orgelpunkt spielt, der mit seinen leichten Veränderungen an den vorherigen Ruf des Kuckucks erinnert, spielt der Solist eine auf einander abwechselnden kleinen Intervallen und Oktavsprüngen* basierende Phrase. Drei aufsteigende Tonleitern beenden diese Sequenz. Das Orchester imitiert das letzte Motiv und schafft eine Überleitung für den erneuten Einsatz des Solisten.

DER STIEGLITZ

02:38 Die Sologeige spielt ohne Begleitung eine hohe Triller-Sequenz* und ahmt somit den Gesang des Stieglitz nach.

* TUTTI (ital. "alle"): voller Orchesterklang

* OKTAVE: Intervall zwischen zwei gleichnamigen Noten, insgesamt also acht Noten

* TRILLER: musikalische Verzierung, die in raschem, mehrmaligem Wechsel zwischen zwei benachbarten Noten besteht

C.A. Guardi (1698-1760): „Das Besuchszimmer der Nonnen"

SANFTE ZEPHIRE

02:50 Das gleiche Thema, das kurz zuvor die Überleitung für den Soloeinsatz schuf, wird nun weiter entwickelt. Die zunehmende Ruhelosigkeit und der alternative Einsatz von *piano** und *pianissimo** erwecken den Eindruck eines leise flüsternden Windes.

VERSCHIEDENE WINDE

03:05 Das Orchester beschreibt mit vehementen an- und absteigenden Tonleitern die Kraft des Windes (nordische Winde).

03:33 Wieder erklingt das Anfangsthema des Satzes, das in Form eines Refrains die Schlußsequenz einleitet.

*PIANO: leise
*PIANISSIMO: sehr leise

DIE KLAGE DES JUNGEN BAUERN

03:46 Der Solist spielt eine absteigende harmonische Fortschreitung in gebundenen Noten. Als einzige Begleitung tritt der Generalbaß in Erscheinung, der meist nur lange, ganztaktige Notenwerte spielt. Es ist die Klage eines Bauernjungen über sein ungewisses Schicksal. Eine Kadenz des Solisten leitet das letzte Tutti des Orchesters ein.

05:14 Die Geigen, mit schnellen Tonfolgen weiter Intervalle, begleitet von den Violen und Celli, die in jedem Takt ein und dieselbe Note wiederholen, schaffen eine bewegte Stimmung im unverwechselbar italienischen Stil.

05:25 Mit auf- und absteigenden Tonleitern leiten die Violinen zur Schlußkadenz über. Das gesamte Orchester spielt nun kurze, auf absteigenden melodischen Fortschreitungen basierende Motive, welche die vorangehende Schwermut in Heiterkeit und Ausgelassenheit verwandeln.

5. ADAGIO (2'16)

FLIEGEN UND BRUMMER

00:00 Mit einer langsamen Melodie, gespielt von der Sologeige, will Vivaldi die entspannte Atmosphäre einer sommerlichen Ruhepause wiedergeben. Die Violinen begleiten das Soloinstrument mit einer rhythmischen Wiederholung der harmoniebildenden Noten.

00:17 Doch die Ruhepause wird von den im Sommer unvermeidlichen Fliegen und Brummern unterbrochen: Violinen, Violen, Celli und Kontrabässe wiederholen monoton eine einzige Note in schnellem Tempo (*allegro*).

00:20 Gleich darauf dominiert jedoch wieder die friedliche und schläfrige Sommerstimmung, wobei der Solist die kurz unterbrochene Melodie wieder aufnimmt.

00:45 Erneut bricht der Insektenschwarm in die sommerliche Ruhe ein.

00:50 Ein weiteres Mal bringt die Sologeige das Summen der Insekten zur Ruhe und setzt ihre stimmungsvolle Melodie fort.

01:34 Wieder erscheinen die lästigen Fliegen und Brummer, indem sie in Form eines Refrains den melodischen Vortrag der Geige unterbrechen.

01:38 Ein letztes Mal erklingt die Sologeige und schließt den zweiten Satz.

01:57 Ebenso greifen auch die Bässe ein letztes Mal ein, während der Solist eine lang angehaltene Note spielt und die Geigen ihre Begleitung beenden.

6. PRESTO (2'46)

STÜRMISCHES SOMMERWETTER

00:00 In diesem Satz läßt Vivaldi den Hörer in unnachahmlicher Weise die elektrisierende Atmosphäre eines Sommergewitters nachempfinden, indem das Orchester kurze Tonfolgen in schwindelerregender Geschwindigkeit ausführt. Die einzelnen Abschnitte dieser Passage werden von Pausen unterbrochen.

00:06 Der gleiche Abschnitt wird in D wiederholt.

00:10 Nun interpretieren die Sologeige, die ersten und die zweiten Geigen eine rasante Serie absteigender Tonleitern. Das dichte Aufeinanderfolgen der Tonleitern und ihr hohes Tempo suggerieren das gewaltige Brausen eines starken Windes und die Naturgewalt eines sich entladenden Gewitters.

00:23 Der Wind dreht sich, die Tonleitern werden nun in aufsteigender Linie gespielt.

00:34 Es beginnt eine harmonische Fortschreitung, die zum Einsatz der Solovioline hinüberleitet. Vorher wiederholt das gesamte Orchester das aus kurzen ansteigenden Tonleitern gebildete Motiv.

00:48 Mit einer virtuosen Phrase beschreibt der Solist die unruhige und aufgepeitschte Atmosphäre, die den gesamten Satz beherrscht. Dieser Abschnitt besteht aus ausgedehnten Arpeggios, langen Tonleitern, und zum ersten Mal ertönt das Soloinstrument mit einem Spiel auf zwei Saiten – das Zeichen zum Einsatz des Orchesters.

01:07 Das Orchester stellt eine neue Melodie vor, die jedoch auf dem Ausgangsmaterial basiert. Es entsteht eine kontrastreiche und in zunehmendem Maße aufgewühlte Stimmung.

01:31 Die Sologeige setzt ein, begleitet von den Bässen, und läßt eine spielerisch heitere, rhythmische Passage erklingen: Es ist der Wind, der das Gewitter herangeweht hat.

01:44 Das Orchester meldet sich zurück mit melodischen Figuren, die vom Hauptthema abgeleitet sind wodurch die Atmosphäre mit weiterer Unrast erfüllt wird.

01:59 Nun spielt der Solist schnelle Arpeggios, während er gleichzeitig auf der ersten Saite eine aufsteigende Tonleiter erklingen läßt.

02:03 Das Orchester antwortet mit den gleichen absteigenden Tonleitern vom Beginn des Satzes.

02:13 Der Solist setzt das Wechselspiel mit schnellen Arpeggios fort.

02:18 Erneut setzt das Orchester mit einer ansteigenden Tonleiter ein und schließt mit einer absteigenden.

02:22 Der Solist spielt seinen letzten Part vor Beendigung des Konzerts.

02:27 Mit einem abschließenden Orchesterpart endet dieser aufgewühlte und ruhelose Satz und mit ihm das Konzert, das uns den Sommer in seiner ganzen Vielfalt und Naturgewalt vorstellt.

DER HERBST OP. 8 NR. 3 CONCERTO IN F-DUR V 293 (11'34)

7. ALLEGRO (5'26)

TANZ UND GESANG DER LANDLEUTE

00:00 Das Orchester beginnt mit einer einfachen, eingängigen Tanzmelodie, die als Hauptthema dient und im weiteren Verlauf die wechselnden Einsätze zwischen Orchester und Solist als Refrain bestimmt.

00:06 Die gleiche Melodie wird eine Oktave tiefer wiederholt.

00:13 Das Orchester antwortet mit einem zweiten Ausschnitt aus der gleichen Melodie.

00:17 Die vorangegangene Phrase leitet erneut zur Grundmelodie über, die mit geringerer Lautstärke wiederholt wird (*piano*).

00:28 Der Solist setzt ein und interpretiert auf zwei Saiten die Melodie für zwei Stimmen. Es entsteht der Eindruck eines fröhlichen ländlichen Tanzes, unterstrichen von der harmonischen Begleitung des Generalbasses. Er wird wie eine leise Antwort (*piano*) auf das Hauptthema wiederholt.

00:41 Nun läßt die Sologeige ein auf der Grundmelodie aufbauendes Motiv erklingen und wiederholt dasselbe *piano*. Durch den ganzen Satz hinweg bleibt der Charakter eines Tanzes erhalten.

00:56 Das Orchester wiederholt das Hauptthema als Refrain.

01:06 Erstmals stellt der Solist eine eigene Melodie vor, der erste Teil auf Arpeggios und der zweite Teil auf absteigenden Tonleitern aufgebaut.

01:22 Das Orchester setzt mit dem aus dem Hauptthema entnommenen Grundmotiv ein, unterbrochen von der Sologeige, die rasante Tonleitern und Arpeggios spielt.

02:09 Erneut präsentiert das Orchester das Hauptthema, dieses Mal jedoch in Moll. Eine harmonische Fortschreitung führt zu einer späteren Wiederaufnhme des Themas in der Originaltonart (F-dur).

DER BETRUNKENE

02:31 Durch die Sologeige beschreibt Vivaldi einen Betrunkenen, der im Überfluß dem neuen Wein zugesprochen hat. Der Solist spielt auf- und absteigende Tonleitern und vielfältige Verzierungen, diskret begleitet vom Generalbaß.

03:05 Das Orchester nimmt wieder den Tanz vom Beginn des Satzes auf.

03:11 Ein weiterer Abschnitt des Tanzes wird vom Orchester in gedämpfter Weise interpretiert.

03:26 Erneut tritt der Betrunkene auf, repräsentiert durch rasante Tonleitern des Soloinstruments.

DER SCHLAFENDE ZECHER

03:33 Plötzlich tritt Ruhe ein. Der Solist spielt eine langsame, in langen Tonfolgen komponierte Melodie: Der Betrunke hat sich zum Schlaf niedergelegt.

03:56 Die Sologeige wiederholt die vorangegangene Melodie, auf langen Noten aufgebaut und begleitet von rhythmischen Figuren des Orchesters, die den ruhigen und tiefen Schlaf des Betrunkenen darstellen.

04:58 Mit der Reprise des Hauptthemas im Orchester wird das Ende des ersten Satzes eingeleitet. Die verschiedenen Instrumente stellen die Farbenpracht des Herbstes dar: sattes Grün, Gelb und die unzähligen verschiedenen Schattierungen, die Vivaldi mittels einer wehmütigen

Melodie und zurückhaltenden, beinahe schüchtern anmutenden Orchestereinsätzen zum Ausdruck bringt.

8. ADAGIO MOLTO (2'36)

DIE SCHLAFENDEN ZECHER

00:00 Eine Stimmung absoluter Ruhe beherrscht diesen Satz. Die Geigen eröffnen mit einem Motiv absteigender Tonleiten in Form eines Chorals, während die Violen, Celli, der Kontrabaß und das Cembalo mit seinen Arpeggio-Figuren die harmonische Stütze bilden. In dieser stillen Atmosphäre vernehmen wir das ruhige und gleichmäßige Atmen der betrunkenen Schläfer.

Venedig.
18. Jahrhunderts,
aus der Schule
von Guardi.

01:19 Ein Violinakkord leitet eine harmonische Fortschreitung ein. Die einzelnen Töne versetzen uns bei aufmerksamem Zuhören in eine herbstliche Stimmung, in der sich das Volk, berauscht vom Wein und müde vom Fest, zur Ruhe gelegt hat.

Antonio Visentini: „Il concerto in villa", Ausschnitt

9. ALLEGRO (3'32)

DIE JAGD

00:00 Das Orchester stellt das Hauptthema (Refrain) der Jagd vor. Der Rhythmus, der diesem Thema zugrunde liegt, verkörpert die Jäger, die sich im Morgengrauen unter dem Klang der Hörner und dem Gebell der Hunde auf die Jagd begeben.

00:09 Eine Modulation vollzieht den Übergang zum zweiten Thema, gespielt von den Violinen.

00:16 Die Melodie dieses Themas – zuerst *forte*, dann *piano* gespielt – erinnert stark an das erste Konzert, den Frühling.

00:27 Erneut erklingt das erste Thema, in Form eines Refrains vom Orchester gespielt.

00:36 Der Solist setzt ein, indem er das zweite Thema zweistimmig (auf zwei Saiten) interpretiert. Der rhythmische Charakter der Jagd wird in jedem Moment aufrechterhalten.

00:51 Das Orchester setzt mit dem Refrain ein, der dann zu einer erneuten Variation der Sologeige hinführt.

01:01 Dieser zweite Einsatz beginnt mit einer bereits gehörten Melodie. Nach einer Modulation jedoch beginnt eine Passage höchster Virtuosität, in deren Verlauf der Solist alle Register seines Könnens zieht.

01:24 Das Orchester wiederholt ein weiteres Mal den Refrain.

DAS FLIEHENDE WILD

01:33 Die Sologeige schildert mit aufsteigenden Triolenfiguren die Flucht eines von den Jägern gehetzten Tieres. Der deskriptive Charakter von Vivaldis Musik erreicht hier einen seiner unbestrittenen Höhepunkte.

FLINTEN UND HUNDE

01:43 Durch kurze und prägnante Geigentöne wird der Klang von Gewehrschüssen und das Gebell der Jagdhunde imitiert.

01:46 Wieder greift der Solist ein, dieses Mal mit Tonleitern und Arpeggios, begleitet vom Orchester, dessen eingangs zurückhaltende Begleitung schließlich erneut in das Gebell der Hunde übergeht.

01:59 Das Orchester spielt den Refrain.

02:09 Das folgende Geigensolo – aufgebaut auf einer Folge auf- und absteigender Triolen – versinnbildlicht die nervöse Atmosphäre einer Jagd.

02:23 Ein weiteres Mal erklingt der Refrain. Im Anschluß daran folgt ein Solo mit schnellen melodischen Figuren, die das tödlich verletzte Tier verkörpern, wie es sich vor Schmerzen windet. Zum Abschluß erklingt erneut das Gebell der Hunde.

DAS FLIEHENDE TIER VERENDET

02:31 Die Sologeige vollführt taumelnde absteigende Tonleitern, begleitet vom „Hundegebell" des Orchesters – das Tier ist gestürzt. Der Solist gleitet kurz in eine andere Tonart ab, kehrt aber nach einem Triller zum zweiten Thema zurück. Das Tier ist erlegt, die Jagd beendet.

03:04 Das Orchester spielt das zweite Thema und leitet somit den Schlußteil ein. Das Ende scheint nicht völlig im Einklang mit dem dramatischen Charakter zu stehen, der den Herbst bestimmte. Vielmehr handelt es sich um formelle Notwendigkeiten des Stückes, die der Komponist nicht übergehen kann.

03:10 Mit der Reprise des Hauptthemas endet das Konzert.

DER WINTER OP. 8 NR. 4 CONCERTO IN F-MOLL, RV 297 (9'00)

10. ALLEGRO NON MOLTO (3'29)

ZITTERN IM EISIGEN SCHNEE

00:00 Das Orchester eröffnet das vierte Konzert mit einer auf dissonanten Noten basierenden Einleitung, die den Schneefall und die Kälte des Winters symbolisiert. Die eisige Atmosphäre des gesamten Satzes steht in starkem Kontrast zu den warmen Melodien der anderen Jahreszeiten.

HEFTIGER STURM

00:34 Die Sologeige spielt eine Melodie aus absteigenden Tonleitern und Arpeggios, die den bevorstehenden Schneesturm ankündigt. Zwischen den einzelnen Solophrasen erklingt die harmonische und rhythmische Begleitung des Orchesters, die den eisigen und böigen Wind verkörpert.

00:56 Eine harmonische Fortschreitung des gesamten Orchesters ahmt das Zittern in der Witterkälte nach und leitet über zum Grundthema.

Pietro Longhi: „Il concertino in famiglia". Venedig

LAUFEN UND TRAMPELN MIT DEN FÜSSEN VOR KÄLTE

01:07 Schnelle Tonfolgen des Orchesters erinnern uns an Menschen, die vor Kälte zittern. Die Phrase besteht aus zwei Teilen: Der erste repräsentiert das Laufen, um die Kälte zu vertreiben (Wiederholung derselben Note); der zweite das Füßestampfen. Dieses letzte Motiv wird viermal wiederholt.

WINDE

01:19 Der Solist erscheint mit einer Folge von kurzen Noten – das Zittern des Körpers in der Kälte. Begleitet wird er vom Orchester, welches das Heulen eisiger Windböen imitiert.

01:58 Erneut nimmt das Orchester das Anfangsthema auf, bestimmt von der eisigen, durch dissonante Harmonien hervorgerufenen Atmosphäre.

02:16 Das Soloinstrument vollführt nun ausgedehnte Arpeggios und schließt mit einem auf kurzen Intervallen aufgebauten Motiv. Ein weiterer Beweis für die Vielfalt musikalischer Effekte, mit der uns Vivaldi die Kälte nachempfinden läßt.

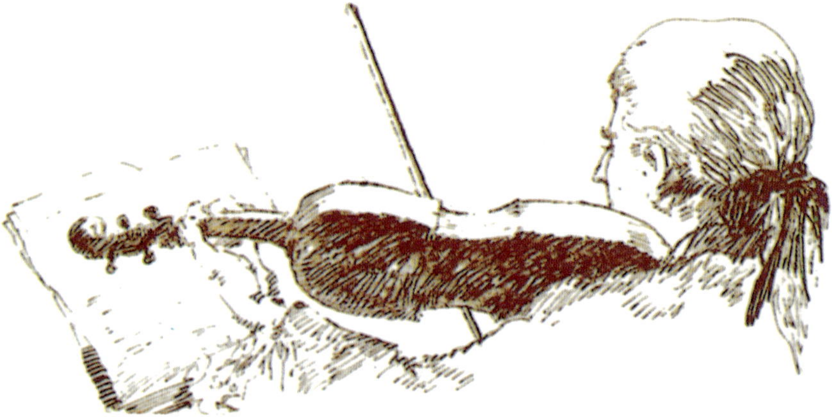

ZÄHNEKLAPPERN

02:26 In dieser Passage wird durch schnelle Tonfolgen und kurze Intervalle das Zähneklappern nachgeahmt.

02:56 Das Orchester nimmt das Hauptthema wieder auf und fügt, zur Beendigung des „kalten", aber gleichzeitig „bewegten" ersten Satzes, eine Koda* hinzu.

11. LARGO (2'15)

REGEN

00:00 Der Solist spielt eine angenehme Melodie, während die Geigen durch ihr Pizzikato* das Rauschen des Regens und das Plätschern der Regentropfen auf den Dächern imitieren.

00:31 Die Sologeige fährt mit einem zweiten Teil derselben Melodie fort.

00:46 Ein drittes und abschließendes Teilstück der Melodie erklingt, das zu einem erneuten Einsatz des Solisten überleitet.

* KODA: Schluß oder Anhang eines musikalischen Satzes

* PIZZIKATO: gezupftes Spiel bei Streichinstrumenten

00:58 Die Sologeige tritt auf mit einer neuen, an den ersten Teil der Melodie angelehnten Sequenz. Die Begleitung beschreibt weiterhin das Fallen des Regens.

01:12 Der zweite Teil erklingt mit einer Variation.

01:34 Der Solist beendet den Satz mit einer Melodie, die auf der Variation der vorangegangenen Melodien beruht.

01:47 Die Schlußkadenz zeigt an, daß der Regen nachläßt; der zweite Satz geht zu Ende.

12. ALLEGRO (3'16)

GEHEN AUF DEM EISE

00:00 Die Solovioline spielt eine Art Rezitativ*, dessen freier Rhythmus den Eindruck eines Spazierganges auf dem Eis erweckt. Mit nur zwanzig Schritten und dem Orgelpunkt der Baßbegleitung schafft Vivaldi die gewünschte Atmosphäre.

00:22 Das Orchester folgt dem Solisten und leitet mittels eines Crescendo* zum nächsten Abschnitt über.

VORSICHTIGES UND ÄNGSTLICHES GEHEN

00:33 Ein Triolenmotiv ermahnt zur Vorsicht beim Gehen auf dem Eis.

HINFALLEN

00:43 Eine Serie absteigender Tonleitern der Violinen symbolisiert einen plötzlichen Sturz – eine allgegenwärtige Gefahr bei einem Spaziergang auf dem Eis.

FORSCHES VORANSCHREITEN

00:55 Der folgende Teil stellt dar, wie sich der Gestürzte erhebt und energischen Schrittes zu gehen beginnt. Nach und nach wird die Musik belebter.

* REZITATIV: dramatischer Sprechgesang; eine in Tönen deklamierte und vom Wort bestimmte Gesangsart

* CRESCENDO: langsames Anwachsen der Lautstärke

01:33 Rhythmische Motive in kurzen Noten, die vom gesamten Orchester *unisono* vorgetragen werden, leiten zum nächsten Abschnitt über.

01:43 Der Solist setzt mit schnellen Arpeggios ein und schließt mit einer absteigenden Tonleiter, die darstellt, wie das Eis bricht und zugleich die Schneeschmelze ankündigt.

DER SCHIROKKO

01:53 Ein weicher Rhythmus – ganz im Kontrast zur vorangegangenen, spielerischen Szene – beschreibt den atmosphärischen Wechsel, bestimmt vom Schirokkowind und der für ihn charakteristischen warmen, südländischen Atmosphäre.

DER NORDWIND UND ALLE ÜBRIGEN WINDE

02:32 Mit Vehemenz spielt der Solist auf- und absteigende Tonleitern und Arpeggios und verkörpert dadurch die Nordwinde und alle übrigen Winde. Das Orchester markiert die Harmonik.

02:51 Das Orchester schließt sich dem Solisten an. Eine Kadenz aus rasanten auf- und absteigenden Tonleitern symbolisiert die Gewalt der Winde inmitten einer aufgewühlten winterlichen Atmosphäre und beendet das vierte Konzert und somit *Die vier Jahreszeiten*.

CONCERTO IN E-DUR
RV 271 (11'16)

L'AMOROSO

BESETZUNG:

Soloinstrument: Violine

Orchester: Violine l, Violine ll, Viola, Violoncello und Kontrabaß

13. ALLEGRO (4'21)

00:00 Im ersten Teil des Allegro werden verschiedene melodische Motive voller romantischem Ausdruck entwickelt. Bis zum Einsatz des Solisten fügen sie sich zu einer geschlossenen Melodie. Diese Melodie hat die Funktion eines Grundthemas und wird ebenso als Refrain zwischen den Einsätzen der Sologeige verwendet. Ihre Motive sind leicht zu unterscheiden, da sie unabhängig voneinander wiedergegeben und einige von ihnen sogar *pianissimo* wiederholt werden. Auf diese Weise führt Vivaldi das den gesamten ersten Satz bestimmende melodische Material ein.

00:44 Der Solist setzt ein, ohne die Kontinuität des Stückes zu unterbrechen. Denn im Gegensatz zu fast allen Violinkonzerten Vivaldis wird der Soloeinsatz dieses

Mal nicht durch eine Pause angekündigt. Die diskrete Begleitung des Orchesters dient als harmonische Stütze des Soloparts.

01:12 Das Orchester stellt neues melodisches Material vor.

01:36 Erneuter Einsatz des Solisten, der durch melodische Fortspinnung zum Ausgangsthema des Satzes zurückkehrt.

02:07 Das Orchester nimmt das Hauptthema auf, dieses Mal jedoch in einer helleren Tonart.

02:21 Die Solovioline spielt melodische Figuren, die auf Motiven des Hauptthemas basieren.

02:40 Mit einem kurzen Einsatz verbindet das Orchester die Phrasen des Solisten; in der Begleitung gestaltet es die harmonische Entwicklung des Satzes.

02:48 Der Solist spielt eine aufsteigende, dann eine absteigende melodische Fortschreitung, gefolgt von einer Kadenz, die erneut das Signal zum Orchestereinsatz gibt.

03:28 Mit einer letzten Wiederholung des Hauptthemas durch das Orchester endet der erste Satz.

14. CANTABILE (2'25)

00:00 Der Solist eröffnet den zweiten Satz mit einem Cantabile*, einer Melodie also, die einen deutlichen vokalen Charakter hat. Sie ist vermutlich von einem der unzähligen Stücke inspiriert, die Vivaldi für Oper und Oratorium komponiert hat.

00:32 Die Geigen wiederholen die vorangegangene Phrase.

01:15 Die Sologeige stellt einen zweiten Melodieteil vor, harmonisch unterstützt von den übrigen Streichern.

01:41 Der zweite Teil der Melodie wird wiederholt. Eine Schlußkadenz beendet den zweiten Satz.

* CANTABILE: „singbar"; in der Instrumentalmusik eine am Ausdruck der menschlichen Stimme ausgerichtete Spielweise

15. ALLEGRO (4'30)

00:00 Das Orchester spielt ein erstes fröhliches und unbeschwertes Thema, aufgebaut auf einer Imitation. Das heißt, ein Motiv oder ein melodischer Kern wird in identischer Form oder mit leichten Variationen von demselben Instrument – gelegentlich auch von anderen – wiederholt.

00:12 Das zweite Thema wird nun vom Orchester gespielt. Es handelt sich gewissermaßen um eine Erwiderung auf das erste, wodurch die Sequenz die für jede Melodie unerläßliche melodische Abrundung erfährt.

00:30 Der Solist setzt mit einer kurzen Kadenz ein, auf die das Orchester mit einem dem ersten Thema entnommenen Motiv antwortet.

00:45 Nun entfaltet die Sologeige das melodische Material, das wir bereits gehört haben.

01:16 Das Orchester antwortet in Form eines Refrains mit einer harmonischen Variation des ersten Themas.

01:31 Erneut tritt das Soloinstrument in Erscheinung. Sein Spiel beeindruckt durch seine Unbekümmertheit und Frische.

01:59 Der Refrain des Orchesters erklingt in derselben Tonart, in der die Sologeige geendet hat.

02:11 Der Solist setzt seinen imitatorischen Part fort und weitet ihn harmonisch aus. Das Orchester folgt dem Spiel der Sologeige.

02:32 Das Orchester spielt den Refrain.

02:44 Der nur von den Generalbaßinstrumenten begleitete Solist entwickelt eine vom ersten Thema abgeleitete Melodie.

03:07 Mit auf- und absteigenden Sequenzen leitet der Solist zur Reprise über.

03:37 Das Orchester wiederholt das erste sowie das zweite Thema.

04:07 Der Solist wiederholt die Kadenz vom Beginn des Satzes, worauf das Orchester mit einigen Schlußtakten antwortet.

Venedig im 18. Jahrhundert. Gaspar Van Wittel

SINFONIE IN H-MOLL

RV 169

AL SANTO SEPOLCRO

BESETZUNG:

Orchester: Violine l, Violine ll, Viola, Violoncello und Kontrabaß

16. ADAGIO MOLTO (3'28)

00:00 Die Tatsache, daß eine Sinfonie mit einem langsamen Satz beginnt, geht auf die französische Tradition zurück, die strengere formale Vorgaben kennt. Demgegenüber folgte die italienische Praxis, die sich schließlich durchsetzen sollte, dem lockeren Schema des Gegensatzpaares schnell-langsam. Mit dem Anfangsakkord der Streicher – mehr noch, wenn er leicht dissonante Züge trägt – schafft Vivaldi jene geheimnisvolle Atmosphäre, die er dieser, dem Heiligen Grab gewidmeten Sinfonie verleihen wollte.

01:21 Nach einer Pause setzen die Geigen ein und spielen, gemeinsam mit den Violen und den Bässen, einen feierlich-erhabenen Choral.

02:45 Nach einer weiteren Pause leitet eine Kadenz zum folgenden Satz über. Es dominiert eine religiöse Stimmung, und diese, dem Priester Vivaldi wohlbekannte musikalische Sprache, bestimmt auch das gesamte übrige Werk.

17. ALLEGRO MA POCO (4'32)

00:00 Die Satzbezeichnung „Allegro ma poco" läßt sich in diesem zweiten Satz, der sich in seiner Stimmung nur geringfügig vom ersten Satz unterscheidet nur bedingt nachvollziehen. Die einzelnen Stimmen werden überlagert, wodurch wiederholt Dissonanzen* entstehen, die jedoch schnell in Konsonanzen* aufgelöst werden. Eine religiöse Atmosphäre wird geschaffen.

00:36 Eine auf einem Motiv der Violinen aufgebaute Fortschreitung leitet zu einer Kadenz über, die uns, obschon sie das Ende des Abschnitts anzukündigen scheint, erneut in das „harmonische Labyrinth" führt, wo sich die einzelnen Stimmen überlagern und miteinander verweben.

00:57 Die Celli führen die harmonische Entwicklung weiter, während die Geigen das Gewebe von Konsonanzen und Dissonanzen fortsetzen.

01:44 Es folgt ein imitatorischer Abschnitt.

02:00 Mit ganzen seiner barocken Frische und Selbstsicherheit kreiert Vivaldi eine zwischen Dissonanz und Konsonanz changierende Musiksprache, die weit mehr ist als nur eine

* DISSONANZ: Zusammenklang von Tönen, der als Mißklang empfunden wird

* KONSONANZ: Zusammenklang von zwei oder mehreren Tönen, der keine nach Auflösung verlangende Spannung enthält

Empfang im Dogenpalast von Venedig. Venezianische Schule des 18. Jahrhunderts.

Übung harmonischen Gleichgewichtes. Ähnliche Verfahren finden sich 200 Jahre später in der Musik von Mahler und Bruckner wieder.

02:50 Geigen und Bässe führen einen Dialog mit harmonischen Fortschreitungen, die für die damalige Kompositionstechnik sehr fortschrittlich sind.

03:09 Violen und Bässe führen den harmonischen Prozeß weiter, während die Geigen die hohen Töne halten. Die im Verlauf des Stückes exponierten Themen erscheinen erneut, die mystische Grundstimmung der Komposition wird jedoch bis zum Ende beibehalten.

CONCERTO IN G-DUR

RV 151 (5´05)

ALLA RUSTICA

BESETZUNG:

Soloinstrument: Violine

Orchester:Violine l, Violine ll, Viola und Kontrabaß

18. PRESTO (1'12)

00:00 Das Orchester eröffnet mit einer von einem volkstümlichen Tanzstück inspirierten Melodie; Wiederholung derselben Melodie.

00:12 Das Orchester führt eine zweite Melodie ein, die im Verlauf des gesamten Satzes *presto* (schnell) gespielt wird.

00:23 Das Thema wird harmonisch entwickelt. Der ländliche Charakter, der das Konzert in seiner Gesamtheit bestimmt, bleibt bestehen. Rustikale Elemente bilden die ästhetische Grundlage der von Vivaldi benützten musikalischen Ausdrucksform: volkstümliche Melodien, rhythmische Tänze etc.

00:33 Das melodische Material wird entwickelt. Der Satz wird vom wechselnden Einsatz zwischen *forte* und *piano* dominiert.

00:57 Eine Modulation leitet in eine neue Tonart über. Es entsteht der Eindruck, als würde ein neues Thema vorgestellt. Tatsächlich jedoch handelt es sich um eine Kadenz, die den ersten Satz, vielleicht ein wenig zu brüsk, beendet.

00:00 Verschiedene Akkordgruppen formen sich zu einer Kadenz, die abwechselnd mehrere Tonarten durchläuft. Das langsame Tempo dieses Satzes unterstreicht den Tiefgang und die Perfektion der Vivaldischen Komposition, die es wie kaum eine andere versteht, durch ihre musikalische Ausdruckskraft beim Hörer ein breites Spektrum an Gefühlen hervorzurufen. Diese Exposition wird durch eine Kadenz abgeschlossen, die zur Schlußkadenz überleitet.

01:18 Eine vom gesamten Orchester sanft gespielte Kadenz beendet den zweiten Satz.

Die gefrorene Lagune. Schule von Guardi, Venedig

20. ALLEGRO (2’16)

00:00 Das Allegro nimmt den anfänglichen volkstümlichen Charakter wieder auf. Die vom Orchester tutti gespielte Melodie wird einmal *piano* wiederholt. Dieses im Barock häufig verwendete Stilmittel schafft den nötigen Kontrast, der es uns erlaubt, den melodischen Reichtum der Komposition in seiner ganzen Fülle wahrzunehmen.

00:24 Die gesamte Melodie wird wiederholt.

00:47 Als handelte es sich um ein Solokonzert, spielen solistische Violinen nun eine auf vorangegangenen Themen aufgebaute Melodie.

01:00 Das Orchester antwortet mit dem Hauptthema in Form eines Refrains.

01:29 Die Violinsolisten wiederholen die vorherige Melodie.

01:40 Das gesamte Thema wird vom Orchester wiederholt. Auf diese Weise endet „Alla rustica”, ein Konzert, dessen Grundlage der unermeßliche Schatz an Volksmusik und -tänzen des mediterranen Europas der Epoche darstellt, den die Komponisten in wachsendem Maße in ihr musikalisches Schaffen integriert hatten. Diese Entwicklung fand erst mit der Revolution der Zwölftonmusik im frühen 20. Jahrhundert ihr Ende.